JN437862

마음이 머무는 자리

마음이 머무는 자리

초판 1쇄 인쇄 2021년 3월 15일
초판 1쇄 발행 2021년 3월 18일

지은이 | 민병록
펴낸이 | 김경옥
디자인 | 류요한
펴낸곳 | 도서출판 온북스

등록번호 | 제 312-2003-000042호
등록일 | 2003년 8월 14일
주소 | 서울시 은평구 은평로 194-6, 502호
전화 | 02-2263-0360
팩스 | 02-2274-4602

ISBN 978-89-92364-76-8 03810

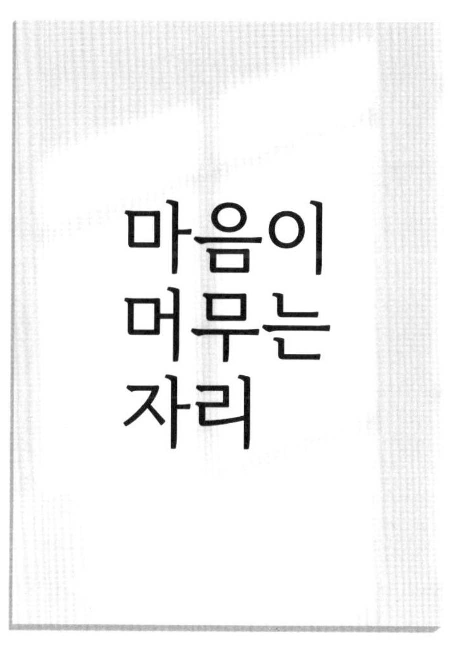

민병록 시집

온북스
ONBOOKS

시집 발간에 즈음하며

가슴 저 깊이 시를 사랑하는 마음이 자리 잡고 있었습니다.

심금을 울리는 시를 읽을 때마다
그 속에 묘사된 아름다운 시의 언어와 시의 세계에 빠져들곤 했습니다.

산과 들을 거닐며 자연을 접할 때도
그리고 일상을 살아가며 세상사를 접할 때도
늘 시인들이 들여다보는 그런 내면의 세상을 보려고 애를 썼습니다.

이제 인생의 참모습을 내려다볼 수 있는 길목에 서서
생각 속에 흩어져 있던 시의 상념들을 모아보려고 용기를 내어봅니다.

설레고 겸연쩍은 마음으로
시집 하나를 세상에 내어놓습니다.

향기로운 꽃이 되었으면 합니다.

2020년 12월
정도(正道)경영실에서

목 차

2부 그대는 나의 행복

3부 자연의 속삭임이

4부 세월아 소풍 가자

5부 봄을 기다리며

1부

세월을 입는다

나무의 겨울나기

푸르던 좋은 시절 다 가고
어느새 매서운 찬바람이 찾아오면

나무는 자기 살점을 도려내는 심정으로
이를 악물고 나뭇잎을 하나씩 하나씩 떨구어낸다

떨어질 잎새가 마지막 몸부림으로
아름다운 단풍옷을 걸치지만

그것은
나뭇잎이 흘리는 순결한 핏물이다
푸른 시절과 이별하려는 감사의 웃음이다

세찬 추위를 이겨내기 위해 자기의 수족마저 버려야
하는 나무는
벌거벗은 모습으로 모진 겨울나기를 해야
성숙해진 새봄을 맞이할 수 있다

코스모스 속 그대

담장 옆에 풍성히 핀 코스모스 꽃
가을을 즐기자고 온몸을 흔들며 부르네

메마른 마음에 코스모스 색깔 입히고
살랑살랑거린 코스모스랑 어깨동무한 그대를

방긋 웃는 포즈로
사진 두 장 찍었다네

아 분명히 찍었는데
코스모스 속 그대를 두 장이나 찍었는데

사진 속 그대는 보이지 않고
이쁘게 가을 단장한 코스모스만 보이네

코스모스만
방실방실 웃고 있네

사랑의 묘약

마음이 아플 땐
상처에 매달리지 말고
상처를 넘어설 나지막한 산을 올라 봐

그러면 연약한 마음을 치유해줄 묘약이 생길 거야

마음에 화가 치밀 땐
분노에 매달리지 말고
분노를 아우를 탁 트인 강가를 거닐어 봐

그러면 불덩이 같은 마음을 삭혀줄 묘약이 생길 거야

흔들리지 말고 머문 자리를 털고 일어나서
마음속에 시들지 않을
그런 사랑의 묘약을 챙겨 보렴

푸른 하늘

파란 바닷물을 뒤집어쓴 듯
어쩜 하늘이 저리도 구름 한 점 없이 파랄 수 있을까

푸른 하늘이 찌그러질까 봐
황새마저도 날갯짓 천천히 하며 날아가고 있구나

울음 보채는 아기도
깊고 아늑한 푸른 하늘에 잠기면
엄마품보다도 더 포근히
꿈속으로 갈 것 같애

오늘은 창공을 가르는 비행기가 날지 않았음 좋겠어
푸른 하늘을 할퀴고 지나가면 내 마음이 쪼개질까 겁이 나
저 푸르디푸른 하늘에 메마른 마음을 헹구면
산동네에 퍼지는 도라지꽃 향기가 스며들 거야

저 푸른 하늘이 유난히 아름다운 것은
하늘 어딘가에 내 사랑이 숨어있기 때문일 거야

돌아가신 아버지 사진

돌아가신 아버지 사진을
말없이 쳐다보는 것은
내 마음에 아버지 그림자를 심고 싶어서이다

돌아가신 아버지 사진을
가슴에 품는 것은
아버지 얼굴에 내 절규를 묻고 싶어서이다

아버지는 그렇게
살아서나 죽어서나
큰 바위 얼굴로 늘 옆자리에 계신다

오늘 밤 꿈속에서 나는 아버지를 만나
가장 가까운 옆자리로 다가가
아버지 아버지 하고 부르고 싶다

멍든 가슴에
아버지 가르침을 담아
내일은 오늘과 다른 아침을 열어야겠다

사진 속 아버지도
아침 햇살처럼
환하게 웃으실 거다

가슴 시린 이별

차가운 바람이 불어오는 어느 날
앙상해진 가지처럼
그대의 사랑이 예전과 다르게 식어간다고 느껴질 때

작은 고양이가 소리 없이 다가오듯
산기슭에 뿌연 안개가 스멀스레 기어오르듯

이별은 어린아이의 걸음처럼 조금씩 조금씩
다가오는 것이다
이별은 풍선에 바람 빠지듯 서서히 서서히
생겨나는 것이다

이별은 가슴에 멍이 드는 아픈 일이고
이별은 마음에 간직해온 추억들을 버리는 일이다

이별은 결코 겪어서는 안 될 눈물이고
이별은 결코 지워지지 않는 흔적이다

나뭇가지에 홀로 멍하니 앉아있는 새는
괴로워서 울고 있는 것이고
가지 사이를 넘나들며 함께 날아다니는 새는
행복에 겨워 노래하는 것이니

때때로 별들이 노니는 바닷가에 가서
흔적마저 지워버리는 파도에
모질고 섭섭한 감정의 찌꺼기를 던져버리며는

때때로 어여쁜 꽃들이 뒤엉켜 피어있는 들판에 가서
솜사탕처럼 달콤한 사랑을 누리며는

가슴 시린 이별을 불러올 조각들은 흩어질 거고
흔들리지 않을 풋풋한 사랑이 피어날 거다

내장산 아기단풍

겨울이 이 가을의 끝자락을 빼앗아가기 전에
울긋불긋 빛깔 고운 가을 단풍을 보지 않고는 이 가을을
보내줄 수 없어
바쁜 일 제쳐두고 서둘러 내장산 아기단풍을 만나러 간다

산허리를 돌아돌아 구절초 피어있는 길목으로 내려오는
선선한 바람 따라
산등성이 계곡마다 단풍으로 가득 찬 하늘이 붉어지면
아기단풍으로 치장한 숲길을 걷는 사람들도
어느새 단풍잎이 된다

설날 색동옷 입은 아기처럼 너무 고와라 이쁜 아기단풍
저 알록달록 붉게 물든 단풍 진 마음으로 너를 본다면
너는 가을을 머금은 아기단풍처럼
아롱진 무지개로 빛나 보일 거야

아기의 작은 손마디처럼 불그스런 볼짝처럼
가을을 보듬은 한 송이 나무꽃이 되어
아기단풍은 어쩜 저리도 곱고 환하게 웃을 수 있을까

가을 햇살에 반사되는 아기단풍이
반짝반짝 온 산을 비추면
산을 넘던 산새들도 색동 빛깔에 이끌려 내려와
떠날 줄을 모르고
맑은 계곡물에 떨어져 잠긴 단풍잎마저도
물결에 흔들려 더욱 눈부시다

그 아기처럼 곱디고운 단풍을 내 마음에 품고 싶어서
그중에 빛깔 고운 아기단풍잎 몇 개를 따와
식탁 위 유리 밑에 곱게 깔아 놓았더니

식탁 위 단풍은 날마다 내 마음을 이쁘게 물들여 주고
익어가는 가을의 진한 향수를 적셔 주어
나는 어느새 밝게 빛나는 아기단풍이 된다

때론 멀리서 보아야 아름답더라

공원 한켠 저 멀리에
강아지 한 마리가 바람 따라 신나게 뛰어노는데
지나가다 보니 목줄 끈에 매달린 처절한 몸부림이더라

춤을 추듯 지 맘대로 뛰노는 모습인 줄 알았는데
그것은 목줄에 매달린 아픈 철창이더라

멀리서만 볼 걸 하고
후회를 한다

옆집 마당에 비둘기 앉아있는 듯
탐스런 목련이 피어있는데
담장 너머 들여다보니 떨어질 듯 매달려있는
시들한 꽃잎이더라

하늘에서 내려앉은 새하얀 천사인 줄 알았는데
그것은 겹겹이 뭉개진 슬픈 눈물이더라

멀리서만 볼 걸 하고
후회를 한다

그림자 밟히는 그런 가까이 말고
떨어져 있는 사랑 그리워하듯이
때론 멀리서 보아야 아름답더라

세월을 입는다

시냇가 물줄기 따라 찬 바람이 거칠게 불어오더니
시냇물도 견디지 못하고 살얼음을 걸치었다

논두렁 황량한 길을 휘저으며 다니는 기러기는
텅 빈 논바닥에 떨어진 알곡들을 찾아 헤맨다

어느새 추워진 날씨에
장롱 속 두터운 외투를 꺼내 입는 나는

오늘
또 어쩔 수 없이 겨울을 입는다
소매 끝에 묻어있는 세월을 입는다

고구마를 캐는 날

오늘은 황토밭의 고구마를 캐는 날

바구니를 들고 밭으로 가는 나보다도
앞서 가는 흰둥이 개가 더 들떠있나 보다

얼마나 많이 묻혀있을까
얼마나 컸을까

보이지 않는 것은 언제나 궁금하게 해
상상해보는 것은 언제나 설레게 해

지난번에는 줄기를 내어주더니만
오늘은 기꺼이 뿌리까지 온몸을 내어주는 빨간 고구마다

세상에 어느 누가 한 점 남김없이 송두리째
자기 전부를 던져줄 수 있으랴
세상에 어느 누가 하나를 달라하면
열 개를 내어줄 수 있으랴

제 한 몸 살찌우기도 힘들었을 텐데
어둠 속에서 넝쿨을 뻗고 뻗어 몸뚱어리 찢어 내며
분신을 만들었으니
얼마나 지독하게 몸부림을 쳤으랴

긴 세월 어둠 속에서 꿈을 키우다가
주렁주렁 어깨동무하고 처음으로 세상을 나온다
바구니에 가득 담긴 네 모습이
햇살에 빨갛게 반짝거린다

겨울 감나무

꽃밭에 꽃들이 모두 시들고 흔적도 없어졌는데
마당 한켠에 겨울 감나무 한 그루가 찬바람을 맞으며
외로이 서 있네
잎들은 남김없이 다 떨어져 없어지고
앙상한 가지에 붉은 감들만 덩그렁 달려있네

빨간 감들은 세찬 눈바람에 씻겨져 이제는 향기마저
잃었지만
모진 겨울을 견디며 피어나는 붉은 꽃이 되었네
달달한 꿀맛이 녹아있는 감꽃에
벌과 나비가 날아오면 좋으련만
바람을 타고 때까치만이 간간이 와서
속살을 쪼고 갈 뿐이네

땅은 얼고 하얀 겨울이 깊어갈수록
헐벗은 겨울 감나무에 매달려있는 탐스런 감꽃이,
아~
겉처럼 속까지도 조금씩 조금씩 붉어져가고 있구나
무정한 세월이 익어가고 있구나

국화차를 마신다

양지바른 언덕에 해맑은 국화꽃은 떨어져 사라지고
별밤 빛나던 가을을 생각하며
향기 진한 국화차를 마신다

눈으로는 크레파스 같은 세상을 두루 보았지만
훈훈한 가슴으로 봐야 할 세상은
아직도 저 산 너머에 남아있다

뜨거운 국화차를 마시는데도
왜 가슴에는 시리고 허전한 한기가
이토록 깊이 느껴지는 걸까

많은 걸 간직한 줄 알았는데
마음에는 아직도 텅 빈 하늘이 펄럭이고 있어

바람 불어 떨어진 국화꽃을 주어들고 울지는 마
꽃은 피었다가 져야 소중한 씨앗을 얻을 수 있는 거야

차는 식어가고 향기마저 엷어지는데
이 작은 손에 무엇을 잡아야 하고 또 무엇을 놓아야
하는지
내 마음은 어지럽기만 하네

그래도 메마른 마음에 알알이 희망이 남아있을 때
날 저무는 석양이 오기 전에
가야만 할 길을 두려움 없이
걸음걸음 걸어가야만 한다네

가야 할 길

가야 할 길이 저기 있습니다
바람은 불고 발걸음은 무겁지만
나는 여기서 멈출 수는 없습니다

님은 미소 지으며 어서 오라 기다리고 있습니다
강물이 거칠게 흐르고 돌다리가 흔들린다 해도
나는 강을 건너 님에게로 가야 합니다

가야 할 길이 있기에 산토끼도
쉬지 않고 눈 덮인 언덕을 올랐을 겁니다

산속에 외로운 짝을 찾기 위해 뻐꾸기도
밤새워 목이 아픈 줄 모르고 울었을 겁니다

가야 할 영광의 길이 저기 있기에
희망의 끈을 결코 놓을 수는 없습니다

하얀 눈이 내리니

눈이 온다
소리 없이 춤을 추듯 함박눈이 내린다

하얀 눈이 내리니
어느새 차갑던 내 마음도 하얘지고 맑아져

가슴 시린 누군가에게 소식을 보내고 싶고
새하얀 두 마음이 하나 되어 함께 눈길을 걷고 싶다

천지 간에 아무것도 보이지 않고
오로지 함박눈만이 펑펑 쏟아진다
뒤틀린 모서리에도 깎아지른 절벽에도
둥그런 흰 눈이 이불을 펼쳐놓은 듯 내리덮는다

무정하고 어지럽던 세상이
모두 새하얀 모습으로 고와지고
내 마음에도 겨울밤을 흔드는
캐럴송의 아름다운 음률이 흐른다

나는 오늘 온 세상이 흰 눈에 덮여 티 없이 깨끗해진 날에
내 마음에 남아있는 소심한 찌꺼기를 말끔히 씻어내고서
너와의 거칠어진 앙금을 덮고 화해를 해야겠다

하늘은 그리하라고 머리 위에 이렇게 흰 눈을 뿌려준다
그래야만 별 같은 성스런 함박눈을
온몸으로 맞을 수 있을 것 같다

선의를 알고 나서

선의로 내밀어 준 그대의 따듯한 손을
검은 그림자로 오해하여 차갑게 뿌리치고

그대의 일그러진 모습으로 어색하게 터져 나온
허탈한 웃음에
선의를 알고 난 속 좁은 어리석음은 부르르 온몸을 떤다

작아진 내 마음이 하얗게 부서지고
마지막 남은 마음 한 조각마저 어둠 속에 숨는다

밤새워 진실을 찾아
아침 이슬에 젖는다

말이란

사람은 태어나서 생각보다
말을 먼저 배우기 시작하던데
그래서 우리는 말하기를 좋아하는 걸까

말이란 참으로 요물과 같아서
입을 떠나는 순간 끈 떨어진 연처럼 혼자 살아 움직이기에
잘못 쓰면 가슴을 후벼파 상처를 주는 악마가 되더라

그러니 때로는 침묵은 수행인 거야
침묵보다 가벼운 말은 시끄러운 공해가 되는 거야
산 위의 큰 바위는 그래서 언제나 침묵으로 말을 하더라

행여
말 한마디를 할 때는
지옥문보다 더 무겁게 말문을 열어야 해

지키지 않을 달콤한 말은 뱀의 말이고
영혼 없는 공허한 말은 귀신의 말이니

우리는 항상 말속에 향기 나는 진심을 담아야 해

그러니
말을 꽃처럼 아름답게 하면 얼마나 좋겠어
독초처럼 쓰디쓰게 한다면 그건 슬픈 일이 될 거야

아프지 마라

아프지 마라

행여 아프더라도

견딜 수 있을 만큼만 아프거라

내 마음이 아려오지 않을 만큼만 아프거라

제발 사나흘 뒤척이다가 훌훌 털고 일어나거라

내 마음이 따라 울지 않도록~

모르는 게 약

사람들은 모든 걸 알려고 발버둥 치지만
숲속 오솔길을 거닐 자유의 기쁨만 알아도 좋을 거야

마냥 즐거운 산새가
배고프지 않을 만큼 벌레 잡는 방법만 알고 살아가듯이
산 너머로 구경갈 바람 타는 방법만 알고 날아가듯이

그 정도만 알면 늘 행복할 거야
마음에 꽃 한 송이 피어날 거야

잎새를 스치는 작은 바람에도 가슴 설레고
낙엽 떨어지는 헐벗은 가을밤에도 잠 못 이루는

어지러운 생각에 갇히지 말고
모르는 게 약인 듯이 세상을 살아가면 좋을 거야

뭉게구름에 달 가듯이
마음속에 창 가리개 하나 달고
자연처럼 살아가면 좋을 거야

우정의 술

시골 친구 집에 놀러 갔는데
산기슭이 온통 닭들의 천지네

놓아기르기에 자유가 소중한 줄 모르는 행복한 산닭
풀숲에는 여기저기 주인 없는 달걀이 널려있어

'꿩도 먹고 알도 먹고'
아니
'닭도 팔고 알도 팔고' 수입 따라 표정도 밝고도 밝아

대접하는 정성이 한 상이면
술익은 토종백숙이 또 다른 한 상

술 취한 이야기는 밤하늘을 흐르고 흘러
친구 간의 우정은 유난히 달고도 다네

2부

그대는 나의 행복

수양버드나무

시냇가 뚝방길 물줄기 따라
춤추듯 수양버들 늘어져 있네

움트는 땅속의 정기를 뼛속까지 빨아들이려
줄기마다 저렇게 밤새우며 축 처지도록
몸부림을 치는 건가

땅으로 향한 줄기에는 연한 잎이 나날이 푸르고 짙어져
이제는 영영 하늘을 바라볼 수가 없네

늘어진 가지에 무심한 참새들이 한참을 쉬다가
하나 둘 무리되어 노래하며 떠나들 가네

시냇가 뚝방길 물줄기 따라
춤추듯 수양버들 늘어져 있네

설렘이 있다면

심장이 뛰고
마음속에 설렘이 있다면

비난받을 일이 아닌 한
그것을 하라

망설이지 말고 하라
눈치 보지 말고 하라

설렘은 열정을 불러오는 것
설렘은 기쁨을 가져오는 것

봄이 뜨거워지고
마음속에 설렘이 있다면

모든 것에 설렘이 있는 것은 아니기에
그것을 하라

두려움 없이 하라
흔들림 없이 하라

설렘은 지칠 줄 모르는 끈기를 불러오는 것
설렘은 내 맘속을 채울 영광을 가져오는 것

처음 비상

깊은 산속에 새끼 부엉이 두 마리가
겁에 질린 얼굴로 어쩔 줄 몰라하네

오늘은 둥지를 떠나는 날
난생처음으로 비상을 하는 날

옆 나무에 앉아 있는 어미 부엉이는 쳐다만 보며
'얼른 날아라~' '한 번만 날아봐라~' 재촉만 할 뿐

곁으로 와서 도와주지도 않네
먹이를 주던 어제의 그 엄마가 아니나 보네

오늘은 무서운 날
난생처음으로 비상을 하는 날

날지 않으면 안 되는 날
어차피 한 번은 날아야 하는 날

날개를 퍼득여도 보고
둥지 위를 펄떡여도 보고

계속해서 한참을 그렇게 준비하다가
드디어

한 마리가 날고
다른 한 마리도 덩달아서 날아오르네

얼마나 처음 비상이 두려웠을까
얼마나 넓은 세상을 날고 싶었을까

처음 비상은 소소하지만
그러나 위대한 시작인 걸

하늘의 기러기 떼

찬바람을 가르며 날아오는 기러기 떼
외로워서 함께일까 언제나 무리 짓네

수만 리 머나먼 길을 지칠 줄도 모르고
남쪽나라 찾아서 반갑게 날아오네

어느 누가 말했나 V자 그리라고
앞서거니 뒤서거니 차례차례 줄을 지어

힘나면 앞에 오고 지치면 뒤에 오고
함께라면 수만 리도 저 넘어 꽃동산

그대는 나의 행복

오늘은 모처럼 그대와 손잡고 공원을 거닐며
사탕 같은 행복에 젖었습니다

라일락 향기나는 벤치에 앉아
시간 가는 줄도 모르고 얘기꽃을 피웠고

그대의 고운 미소와 맑은 눈망울 속으로
정신없이 빠져들었습니다

멈추지 않는 물결이 파도가 되어
못다 한 별 이야기들을 꿈속에서도 나누었습니다

그대는 나의 행복입니다
행복을 주어 감사합니다

당신은 언제나 시들지 않고 피어있는
영원한 나의 안개꽃입니다

집에는

집에는 어느 누가 살고 있을까

상처를 치유하는 아빠 같은 건강이 살고 있고요
근심을 달래주는 엄마 같은 평화가 살고 있고요
편하게 쉴 수 있는 자식 같은 휴식이 살고 있어요

집에는 무슨 꽃이 피어 있을까

영원히 지지 않을 사랑꽃이 피어 있고요
보석같이 빛나는 웃음꽃이 피어 있고요
햇살처럼 따스한 행복꽃이 피어 있어요

우리는 집을 잘 지켜야 해요
정성을 다해 가꾸어야 해요

그러기에 우리는,

이기심이 가득 찬 나쁜 생각을 몰아내야 하고요
미움이 가득 찬 성난 분노를 몰아내야 하고요
슬픔이 가득 찬 게으른 가난을 몰아내야 해요

우리는 집을 잘 지켜야 해요
정성을 다해 가꾸어야 해요

여행은 즐거운 일

여행을 떠나려 가방을 싸는데
옷가지보다 먼저 셀레는 마음이 자리를 잡는다

여행은 이미
준비할 때부터 여행이 시작되는 것이다

어디로 떠나든지 무엇을 보든지
그런 것들보다는 그저 들떠 돌아다니는
자유로운 발걸음이 좋을 뿐이다

슬픔을 지우러 가는 여행이거나
호기심을 찾으러 가는 여행이거나

여행은 언제나 즐거운 일
여행을 꿈꾸는 것은 예쁜 꽃다발 속에서
사랑 편지를 찾는 기분

그래서 산새들도 날마다
앞산으로 뒷산으로 날아다니는 거겠지

위로

마음이 아파서 잠 못 이루고 긴 밤을 지새웁니다
슬픔이 가슴으로 흐르고 흘러 영혼마저 비틀거립니다

어찌할 줄 몰라서 숲속 정막을 찾아
마음 깊이 쌓인 흔적을 비워도 보고
말 없는 나무를 부둥켜안고 속삭여도 봅니다

그러나 무거운 마음은 가벼워지지 않고
어두운 슬픔은 더욱 칠흑 속으로 빠져듭니다

이런 아픈 하소연이 다가올 때면
우리는 그것이 무엇 때문인지 알 필요가 없고

진실의 충고도 필요가 없습니다
도움의 말도 위안이 되지 않습니다

오로지
같이 있어만 주면 되고
마음으로 들어만 주면 됩니다

따뜻하게 껴안아 주면 되고
같은 편이 되어 주면 됩니다

이런 슬픔의 하소연이 다가올 때면
우리는 마음과 마음이 통하는 창을 깨끗이 닦아내어

나뭇잎 사이로 스며드는 숲속의 햇살처럼
편하게 들어올 수 있는 마음의 창을 열어두면 됩니다

소리 없이 기다려주고
견디어 지나가기를 기도하면 됩니다

위로는
마음을 달래주는 것입니다

위로는
같이 공감해주는 것입니다

빙하의 물맛

뉴질랜드 남섬의 하얀 산 빙하는
긴 긴 세월을 머금은 채 푸른 수의를 두르는 듯

반가움에 만져보는 빙하의 살결에
손끝으로 전해오는 인고의 찌릿한 전율

빙하가 흘려내린 발밑의 물줄기 따라
목마름으로 마시는 만년의 물맛은

입술을 마비시키고
혀끝도 오므라지게 해

한 맺힌 오뉴월 서릿발처럼
심장을 찌르는 억겁의 푸른 맛

주름진 얼굴

주름진 얼굴은
부끄러움이 아니다

나의 인생 훈장이다
나의 화사한 꽃이요 빛나는 미소다

그것은 내 충실한 삶이 만들어낸 선물
그것은 내 오랜 추억이 서려있는 보물

그러니
주름진 얼굴을
지우지도 마라
포토샵도 하지 마라

주름진 얼굴은
앞으로
내가 간직해야 할 자랑인 거다
내가 안고 살아가야 할 인생인 거다

평화로운 관음도

울릉도 옆에 관음도가 있어요
옛날엔 외로이 한 가족이 살았는데
지금은 갈 길 없는 갈매기들이 섬을 지켜요

거세게 불어온 동해 바람은 동백나무의 껍질마저
반질반질 만들었고요
키 작은 소나무마저 한쪽으로 눕혀 놓았어요

등허리마저 휘어진 갈참나무는
빽빽한 가지끼리 기대어 세월을 버텨 왔고요

바닷새는 촘촘한 가지 사이에
새로운 집을 지어 보금자리를 틀었어요

전망대에 올라서니 파아란 하늘에 맞닿은
먼 바다의 연락선이
게으른 듯 평화스럽게 떠가고 있고요

한 가족이 독차지하고 있는 이웃집 죽도가
아침저녁으로 짝사랑 인사를 해요

바다 속살이 이쁘게 보이는 절경 위에 만들어진 연도교를
조심조심 건너고 있는데

성난 바람은 나그네의 모자를 헐러덩 벗기려 하고
할 일 없는 갈매기는 바람 타고 나르면서
비틀거리는 나그네를 건들어 보려 해요

관음도에 살고 있는 바람과 갈매기는
이렇게 나그네를 반기며
오늘 하루를 한가로이 보내고 있어요

오월 어느 날
평화로운 관음도에서
잊지 못할 추억 한 조각을 남기고
아련한 마음으로 떠나왔어요

떼법은 법이 아냐

법에 없는 떼법을
법이라고 말하지 말게

법도 아닌 떼법으로
세상을 어지럽히지도 말게

법을 지키는 정의로운 깃발에는 나비가 날아들고
떼법으로 세운 무법의 깃발에는 파리가 들끓으나니

나만 살자는 떼법으로 억지를 부리면
인정 많은 산골에는 슬픔이 생긴다네

그러니 여보게나
아픔이 다가와 떼법을 부르고 싶거든

법부터 만들고서 떼법을 쓰시게나
하늘의 법도 마음에 두시게나

새로운 만남

새로운 만남은
새 옷을 입는 듯

어색함이 있고
설레임이 있다

어떤 길을 걸어왔을까
무슨 향기가 날까

햇살일까
바람일까

함 속에 담아 온 사주단자처럼
펼쳐보지 못한 깨알 편지 사연처럼

떨리는 기대로
그대 마음을 두드려 본다

서로가 서로를
새로움으로 더듬어 본다

마을 앞 호수에서 노니는 원앙새들도
처음은 그랬을 거다

욕심을 버리고 만족을 느끼면

욕심을 버리고 살면 내 마음이 무슨 색으로 변할까
만족을 느끼고 살면 내 일상이 어떤 모습으로 변할까

나뭇잎 하나 단풍 들듯이 생각을 조금만 바꿔보자
욕심을 버리고 만족을 느껴보자

내 마음에 다른 사람의 비단옷을 입히려 하지 말고
내 몸에 맞는 내 옷을 입혀보자

강둑에 살고 있는 까치도 새 둥지를 틀지 않고
버드나무 위 옛날 둥지에 작은 나뭇가지 몇 개를
얹히고 살더라

이제 나쁜 생각 버리듯이
터무니없는 욕심 버리고 가슴에 만족을 채우는
연습을 해야겠다

하나를 채우려다 소중한 하나를 잃어버려서는 안 돼
하나를 비우면 값진 하나를 얻는 지혜가 필요해

맨날 쫓기듯이 안달하면 마음이 지치고 메마르잖아
아름다운 멜로디에는 사랑의 쉼표가 있어야 하잖아

어제 오른 길 오늘 또 오르면 지루한 가시밭길이 되잖아
내려와서 하늘 한번 쳐다보면 안식이 생기잖아

강물도 물을 담으려고만 하고 흘려보내지 않으면
강둑이 무너질 수밖에 없잖아

욕심을 버리고
만족을 느끼면

내가 가진 작은 것들도 소중해지고
잊고 지낸 많은 것들이 귀한 보석으로 남을 거야

작은 것에도 일렁거리던 좁은 마음에
여유가 자리 잡을 거고
처처에 보이지 않던 행복이 다가올 거야

가슴을 짓누르던 돌덩이가 없어지고
이젠 후련하게 푸른 하늘을 볼 수 있을 거야

채우려고 안달하던 근심과
채우고서 더 채우려는 탐욕을 벗어버리고
이제는 가던 길을 꽃길이라 여기며
마음 편히 갈 수 있는 만족을 채운다면

옛날의 아픈 상처를 용서할 수 있고
자기의 옹졸한 어리석음에도 마음을 열수 있을 거야

하늘나라 사람들처럼
얼굴에는 미소가 넘쳐나고 걸음걸음은 느린 듯
가벼워질 거야

아름다워

참 아름다워

볼수록 빛이 나

오래되어 정까지 넘쳐

,

,

,

,

당신은
하늘이 내려준 최고의 선물

마라도

제주도가 보낸 파도를 타고 한걸음에 냅다 달려가면
여기는 우리나라 최남단 마라도라네

더 이상 밟을 땅은 어디에도 없어
바람에 실려온 갈매기마저 지친 날개를 접고 만다네

마라도 짜장으로 배를 채우고
푸른 잔디에 누워 하늘을 보면

마음은 벌써 구름을 타고 윗세오름을 더듬고 넘어
정기 어린 한라산 백록담에 몸을 적신다네

수평선 허리춤에 노을이 잠길 때면
바닷가 바위 위에 무심한 낚시꾼들도 서둘러 짐을 싸고

평생을 지고 온 무거운 생각 하나
마라도에 내려놓고 떠나온다네

이해타산

이해타산만을 생각하여
사람을 고르고
사람을 대하고

이해타산을 채우지 못하면
사람을 욕하고
사람을 버리고

너무
족제비처럼 약삭빠르게 살지 마라
멧돼지처럼 얼굴 두껍게 살지 마라
하이에나처럼 이기적으로 살지 마라

그러면
속이 보이더라
보기 흉하더라
밉더라

사람을
단물만 빨아먹고 버리는 껌으로 보지 말고
더불어 사는 꽃으로 보라

그대여
비 오는 날 우산을 뺏는 탐욕을 부리지 말고
함께 쓰는 우산이 돼라
마음을 나누는 우산이 돼라

이별의 신호

밤낮없이 정을 주고받던 카톡의 내용이 점점 짧아지고

마침내
메아리처럼 돌아온 카톡의 대답이 사라지고
이름마저 지워지면

그건 이름이 아니라 마음이 지워지는 거다
이렇게 이별의 신호는 오는 거다

멀리 있어도 마다않고
한걸음에 달려오던 발걸음이 느려지고

그리고
오지 못할 사정이 생겨도
감내하며 찾아오던 발걸음이 뜸해지면

그건 발걸음이 아니라
마음이 멀어지는 거다

이렇게
이별의 신호는 오는 거다

시민의 힘

세상에
시민의 깃발이 펄럭이니
동토에 햇빛이 들고
시민은 푸르름으로 살아난다

부정과 위세가 어둠에 갇히니
호수는 거울처럼 맑아지고
이웃에는 해맑은 아가의 미소가 넘쳐난다

시민의 힘에는
사탄의 유혹에도 흔들리지 않는 결기가 서려있고
탐욕 없는 순수한 수도승의 영혼이 깃들어 있으니

무서워하는 자여
시민의 등에 올라타고 싶은가
시민의 식탁을 차려주고 싶은가

걱정하지 마라
시민은 시민의 음식이 따로 있으니
살찌지 않을 다이어트로
보기 좋은 맵시를 자랑하며
오늘도 광야를 외로이 달려갈 것이다

3부

자연의 속삭임이

여름밤이면

여름밤이면 뒷동산에 올라
도란도란 시원한 밤을 보냈었지
하늘에는 달 하나에 수많은 별들로 가득 찼어

별다발 은하수도 여러 개 무리지고
큰 별 작은 별 하얀 별 노란 별 셀 수 없는 별천지였어
간간이 하늘을 가르는 별똥별도 번개같이 흘러갔어
참으로 하늘은 보석처럼 이쁘고 반짝거렸지
하늘을 훨훨 떠다니고 싶었지

어린 시절의 밤하늘 별잔치가 아직도 생생해
눈을 감고 그려보면 지금도 그대로 보여
요새 애들은 이런 밤하늘을 상상이나 할 수 있을까
도대체 그런 하늘이 어디로 간 걸까

잊었던 그런 밤하늘을
나는 보라카이 해변에서 보았다네
마음이 꿈결처럼 벅차올랐다네

여름밤이면 뒷동산 언덕에 나뭇가지 사이로
많은 불빛이 날아다녔어
어른들은 도깨비불이 혼내주러 왔다고 겁을 주었어
반딧불이 꽁무니에서 밤이 되면 불빛이 반짝거렸어
반딧불을 쫓아서 숲속까지 가고
엉성한 종이상자에 반딧불이를 잡아넣고서 책도 읽었어
참으로 반딧불이 불빛은 진주처럼 영롱하게 반짝거렸지
불빛 따라 숲속 요정을 만나러 가고 싶었지

어린 시절의 반딧불 불빛이 아직도 생생해
눈을 감고 그려보면 지금도 그대로 보여

요새 애들은 이런 반딧불이를 구경이나 할 수 있을까
도대체 그 많던 반딧불이 어디로 간 걸까

잊었던 그런 반딧불이를
나는 코타키나발루 강변에서 보았다네
마음이 동심으로 빠져들었다네

청산유수

산골에 어둠이 걷히고
이슬 머금은 잎새 사이로 가느다란 햇살들이 들어오면

부지런한 까치는 날개를 다듬어 아침을 맞이하고
사슴이 고개를 넘던 그 길 따라 바람도 머물다 스쳐 가면

꽃향기 그윽한 산허리를 감싸도는 안개로
한자락 도포를 걸친 도인처럼

푸르른 청산은 오늘도 인자가 되어
통 큰 마음으로 넓은 가슴으로 세상을 담아주네

미움 없는 웃음이 거기에 있네
볼품없는 욕심이 사라져 가네

나도
푸르른 청산처럼 살아야겠네

물은 흐르면서 기타 치고 노래를 해
돌부리랑 흙더미에 부딪치며 흥얼대는 아름다운 멜로디

낮은 데로만 흐르고
막히면 돌아가는 선각자처럼

둑이 있어 넘지 못하면
기다리다가 힘을 모아 건너는 용사처럼

맑은 유수는 오늘도 현자가 되어
지혜로운 마음으로 부드러운 눈길로 세상을 담아주네

얽매이지 않는 자유가 거기에 있네
거스르지 않는 순리가 살아 숨 쉬네

나도
지혜로운 유수처럼 살아야겠네

영웅

초심을 잃지 말고 정도(正道)로 가~
그러면 떳떳해질 거야

약해지지 말고 힘을 내~
그러면 단단해질 거야

포기하지 말고 희망을 가져~
그러면 이겨낼 거야

물러서지 말고 당당히 맞서~
그러면 승리할 거야

우리는 그렇게 커가는 거야

우리는 그렇게 영웅이 되는 거야

흔들리지 않는 마음을 어디서 얻으랴

부딪쳐도 깨지지 않을
그런 흔들리지 않는 마음을 가졌으면 좋겠네

추워도 떨지 않고
더워도 목마르지 않을

분노에도 끄떡 않고
욕심에도 초연해질

그런
흔들리지 않는 마음을 어디서 얻으랴

채우고 또 채워서
바위가 되어야
흔들리지 않는 마음이 생기는 걸까

비우고 또 비워서
대쪽이 되어야
흔들리지 않는 마음이 생기는 걸까

교회일까 장터일까
산사일까 자연일까

무쇠를 녹여 두드리고 다듬는
대장쟁이의 심정으로

세월을 견뎌온 산사의 천년 고목에 걸터앉아
무심히 흘러가는 저 구름에 허약한 이 마음을
실어나 보자

낙엽을 밟으니

낙엽을 밟으니 그립다

낙엽 밟는 소리에 속삭임이 들린다

낙엽이 쌓이듯 사랑도 쌓인다

내 안에 향기가 머문다

그게 바로 너다

둥근달

둥근달 새하얀 달
머리 위에 떠있는 커다란 달

풍선처럼 매달아
이집 저집 다니다가

창문 열고 손짓하는
어린 소녀 손에 쥐어주면

오늘 밤은 꿈속에서
둥근달에 매달려

신나게 신나게
별나라로 구경을 가겠지

사막을 걸을 땐

사막을 걸을 땐
낙타처럼 천천히 걸어야 해

이글거리는 태양도 쳐다보지 말고
빨리 가려는 욕심도 내지 말고

그러면 지치지 않고
멀리 갈 수 있을 거야

인생의 길도
그런 거야

다람쥐 한 마리

가던 길 멈추고 밤나무 아래 땀방울 식히는데
지나칠 때 못 보던 알밤들이 풀 속에 가득해

무심결에 알밤 하나 주워들었는데
밤톨 하나 물고 가던 다람쥐 한 마리
긴장하며 나를 노려보네

산속 알밤은 쟤들이 임자이거늘
아차, 내가 쟤들 밥을 훔친 것이로구나

미안하여 살그머니
손에 든 알밤 하나 내려놓는다

내 작은 호기심으로
니네 추운 겨울을 생각 못 했으니

올가을엔
구운 밤맛을 모르고 보내겠구나

눈을 감고 귀를 막고

산에 오르니 온 산에 사람이 가득
병원에 가니 병실에 사람이 가득

그대가 좋아해서 그 사람 착한 줄
그대가 싫어해서 그 사람 나쁜 줄

보이는 것이 들리는 것이
전부인 줄 알았더니

아니더라 한 귀퉁이더라
아니더라 반쪽이더라

원한대로 보더라
편한대로 듣더라

그대여
눈을 감고
귀를 막고
밝은 마음으로 세상을 헤아려 보라

힘들었을 때

힘들었을 때
내밀어 준 따뜻한 손

그대는 잊었을지 몰라도
나에겐 아직도 진한 울림이 남아

그리움을 담은
가을편지를 쓴다

힘들었을 때
건네준 따뜻한 말

당신은 잊었어도
내 가슴에 남아있는 진한 여운

푸른 하늘에 그려지는
그대의 얼굴

비가 내리네

비가 내리네 밤새도록
산비탈에도 들판에도 쉬임 없이 내리네

상처 입은 노루는 어느 바위 밑에서 아픔을 달래고
먼 길 날던 까치는 어느 떡갈나무에 기대어
지친 날개를 접고 있겠지

논두렁 물꼬를 터놓고 막 돌아온 농부는
무심한 마누라랑

마루에 걸터앉아 빗소리 안주 삼아
막걸리 한 사발 홀짝홀짝 걸치는데

할 일 없는 백구는 주인 신발을 깔고서
팔자 좋게 꾸벅꾸벅 졸고 있구나

비가 내리네 주루룩 주루룩
내 고향 산천에도 내 마음에도 하염없이 내리네

대지 달구던 열기를 후~ 식혀주듯
가슴 찌르던 멍울을 호~ 달래주듯

농부의 막걸리 잔에도 아낙의 치마 끝에도
야릇한 가을비가 그칠 줄을 모르네

자연의 속삭임이

새소리 물소리 바람소리
자연의 속삭임을 가슴에 담고 싶어서

숨소리 죽여가며
들꽃 피어있는 오솔길을 오르는데

사람들의 앙칼진 소리에
바위도 멍들고 산등성마저 휘어지네

숨어버린 자연의 소리를 찾아
발길 없는 숲속으로 들어서는데

지칠 줄 모르고 멀리서 스며드는
인간들의 세상 짓는 끝없는 소리

뒤틀린 소리가 싫어 귀를 막으니
비로소 들리네 자연의 속삭임이

그리움이

보고 싶은데도 보지 못하면
그리움이 온몸에 쌓여

잊으려 생각을 비울수록
마음에는 텅 빈 호수가 생기고 물결만 요동쳐

아롱거린 추억으로 마음을 쓰다듬고
가만히 눈을 감으니

어느새 다가오네
그대의 어여쁜 모습이

언덕길

맨날 가는 공원의 산책길인데도
오늘 언덕길은 왜 이다지도 멀고도 힘들지?

날씨 탓일까
기운 탓일까

혹시

언제나 함께 오르는
그대가 없어서 일까?

마음이 안 보여

아직도
누구를 만나면

사람은 보이는데
마음이 안 보여

눈이 커서 흐려 보이는 거야?
눈이 작아서 안 담기는 거야?

차라리
눈을 감고
마음속에 거울 하나 달아보자

잔잔한 호수

마음이 답답할 땐
심란한 생각에 갇혀있지 말고

탁 트인 호수로 가서
잔잔한 호수길을 거닐어보자

돌 하나 던지면 작은 물결 하나 내어주는
넓은 호수의 마음을 헤아려보자

깜깜한 걱정이 너무 멀리 나가면
돌아올 길을 헤메일지도 모르니

허리춤에 지도 하나 넣어주고
밤길 넘어지지 말라고 등불 하나 챙겨주자

추워도 더워도 호수 안에서만 노니는
유유자적하는 오리의 평상심을 가슴에 품어보자

강물

세상에 물결과 맞서 싸우지 않는 강물이 어디 있으랴
거친 바람이 물갈퀴로 강물의 얼굴을 할퀴면
잠시 흔들릴 뿐

강물은 하루 이틀 달빛에 몸을 추스르다가
잔잔한 미소로 다시 산과 하늘을 품에 안는다

강물은 물안개로 긴 숨을 고르고
갈길 바쁜 나룻배에 물길을 내어주며

지친 강물을 흘려보낸 그 자리에
또 다른 맑고 강한 강물로 채우고 나면

이제는 물결과 싸우려 하지 않고
물결 위로 부는 바람을 헤아려 본다

가을이 오면

가을이 오면
나는 가을이 되고 싶다
진하지 않는 은은한 가을의 향기에 빠져들어
한적한 들판을 거닐고 싶다

그 무덥고 끈적인 여름날을 잊어버리고
산들거리는 가을바람에 실려
가을을 맞이하는 기쁨으로 어깨춤이라도 추고 싶다

황금들녘 산모퉁이의 비좁은 논두렁 길목에 앉아
영글은 알곡들의 기니긴 여름 이야기에 취하며
비바람을 이겨낸 그들의 영웅담을 듣고 싶다

잠자리 날개에 실려온 이 귀한 가을을
누가 보내주었는지는 모르지만
이제는 한 몸 되어 내 품에 안기어 있으니
나는 가슴에 박힌 이 가을을 가벼이 보내주고 싶지 않다

풋사과에 단물이 들듯이
설익은 유자에 향기가 스며들듯이
여린 속살까지 맛깔스레 익어가게 하는
속 깊은 여인의 마음마저 설레이게 만드는
이 가을을 소중히 어루만져주고 싶다

나는
이런 가을이 되고 싶다
이런 가을의 향기를 사랑하고 싶다

초원을 품은 치타

초원에 나이 어린 치타 두 마리
엄마를 기다리다 부르다 사흘을 굶었다
참을 수 없는 허기는 창자를 찢고
엄마 부를 힘조차 잃었다
한 번도 맛보지 못한 공포가 맴돈다
울 엄마 잊지 않고 잡아 온 임팔라 이제는 띠끌도 없다

왜일까
엄마가 변했나 세상이 바뀌었나

초원 구경 한번 못한 치타 두 마리
힘내라 혼자 살아라 세상은 넓다
엄마의 아픈 마음 알지 못하고 어제처럼 생각 없이
애타게 부른다
차가운 밤 또 지나고 기다림 무서워
터벅터벅 집을 나선다
엄마는 간데없고 긴 풀만 나부낀다

허기는 용기를 낳고 기억은 사냥을 부른다
목은 창칼처럼 길어지고 다리는 바람처럼 빨라지고
몸은 용수철처럼 튀어나간다
무엇이 두려우랴 바람도 비켜간다
어린 치타 두 마리 어른이 되고 서로의 영역으로
자랑스런 나무를 오른다

오늘,
치타는 왕이 된다
두려움 없이 초원을 달리는 바람이 된다

4부

세월아 소풍 가자

마음에 평화 하나

누구나 가슴에 꿈이 있어
푸른 꿈은 우리를 살찌게 해

꿈은 땀을 먹고 살아
큰 꿈은 진한 땀을 먹어야 하고

땀이 없으면 꿈은 사라지고 말 거야
그러니 부지런히 땀을 흘려야 해

저마다 꿈속에는
남이 보지 못한 아픈 고통이 있기 마련이야

그러니 가슴에 멍이 들고 슬픔이 오거든
잠시 꿈 하나 내려놓고 하늘을 바라봐 보렴

그러면 마음에 평화 하나 오고
가슴에 파란 하늘을 담을 수 있을 거야

후회 없이 살자

미칠 듯이 애쓰고 애쓰지만
때로는 이루지 못한 일도 있을 터

아쉬움은 남겠지만
그래도 후회는 없도록 해야 해

하늘이 길을 열어주지 않는 걸
더 이상 탓하면 무엇하리

내 마음에 한 점 후회가 남지 않도록
살다가 뒤돌아보았을 때 한 점 미련이 남지 않도록

후회 없이 살자
속살까지 헤질 정도로 최선을 다하자

노르웨이에 빙하가 흐른다

노르웨이 여행 한번 가 보세요

집 떠난 어느 여행이 설렘이 없으리요만
사람 적고 공기 맑아 숨쉬기도 다릅디다

드높은 산봉우리에 만년설이 내려앉아
할아버지 수염 같은 거대한 빙하를 이루고요

빙하는 소리 없이 모습도 없이
스멀스멀 흘러내리고 내려
바위도 옮기고 산도 깎아내어
아찔하고 멋진 낭떠러지 협곡을 만들었네요

돌쇠 같은 힘이 아직도 남아
멀리 있는 바다를 냅다 불러오니
그렇게 맞선 본 해안은 어디에도 없는
꼬부랑 피요르드가 되었나 봅니다

천하무적의 바이킹 해적들도 숨어있기 안성맞춤이고요
숲속의 트롤 요정들도 목욕하기 제격이네요

장엄한 협곡의 바다는 사람들을 흥분시켜
탄성을 자아내게 만드나니
거대한 빙하는 느리면서 쉬임 없이 흐르고 움직여
협곡을 만드나니

이것은 장엄한 경관이요
흉내 낼 수 없는 한 폭의 산수화로다

이것은 빙하의 피땀 어린 노력이기에
그래
세상엔 공짜가 없네요

이런 현수막

대법원 뒷산의 서리풀공원에
이런 현수막이 걸려 있더라고

'비둘기에 먹이를 주지 마세요
자연에서 살아갈 수 있게 해 주세요'

십수 년 전, 미국의 요세미티 국립공원에
이런 팻말을 보았드랬는데

'다람쥐가 귀여워도 먹이를 주지 마십시요
우리가 평생 줄 수는 없습니다'

줄까 말까 망설이는
중학생 아이의 떨리는 손~

세월아 소풍 가자

세월아~
우리 포근포근한 침대맡에
깨어날 줄 모르는 꿈속으로
늦은 아침을 열자

생각도 천천히
말도 느릿느릿
걸음걸음 헤아리며
할 일도 잊은 채
더딘 내일을 열자

나무늘보처럼
졸음진 고양이처럼
거북이 걸음으로
구름 타고
자연을 벗 삼아
구성진 노래 부르며
세월을 낚으듯 그렇게 살자

세월아~

빠름을 느림으로

앞걸음을 뒷걸음으로

이제는 실눈마저 감고

이제는 앞도 옆도 없이

가는 듯 오는 듯

세월을 잊고서

꽃피고 새가 우는 동산을 오르자

세월아~

네월아~

깃털 빼고 껍질 벗고

변하고 색칠하여

마음도 바꾸고

행동도 다르게

우리 소풍을 가자

소풍 가듯 그렇게 살자

부처님 오신 날

연등은 소원을 달고
바람 타고 두둥실 창공을 나르네

범종은 축복을 담고
소리 타고 훨훨훨 세상을 거니네

두 손 모은 합장에 자비가 넘쳐나니
108번뇌 어느새 미소로 화답하고

제행무상이라 욕심 집착 버리니
만물에 인연이 닿아 너나없이 한 몸 되네

치유해 주는 따뜻한 한마디 말
무거운 짐 거드는 조그만 배려

그것이 부처님 마음이라고
그런 그대가 바로 부처라고

산사를 나서는 걸음걸음마다
부처님이 함께하네

중국의 아름다운 황산

황산을 보았는가
어쩜 이리도 새악시 단장한 듯 이쁘게 생기었나

형형색색 색동옷으로 온몸을 분칠하였으니
요염한 자태인 양 기암괴석 빼어나다

문필봉에 꽂힌 소나무는 신사임당 천년 붓이 되어
서해 대협곡 치마폭에 일필휘지 휘둘렀나니
떠난 임 눈물겨워 반가웁게 찾아온다

운무에 싸인 세상에 갈등도 사라지니
이렇게 맑은 눈에 아침 해가 눈부시다

불어오는 가을바람이 영웅호걸을 깨워내니
여기가 천국인 양
호기 어린 메아리가 황산을 뒤흔든다

사랑이란

사랑이란,

타오르는 불꽃인가
활짝 핀 꽃송이인가
터질 것 같은 용솟음인가

사랑은,
흔들리며 피어나는 꽃이다
봄 여름 가을 겨울의 사계절이다
쓴맛 신맛 짠맛 단맛의 엄마 밥상이다

부부는 닮아가는가

허기진 배 움켜쥐고
식당에 들어앉아

내가 생각한 메뉴랑
아내가 주문한 메뉴가 똑같아서

아내가 집은 반찬이랑
내가 집은 반찬이 똑같아서

아내도 웃고
나도 씩 웃는다

어제도 그러더니
오늘도 그러네

이렇게,
부부는 닮아가는가

1004의 섬

전라도 신안에 1,004개 섬
이제는 천사대교로 어엿한 육지가 되었습니다

자은도에 무한의 다리는 갯펄 위를 달리고
분개해변 연인송에는 사랑이 피어나고

사람 발자국을 그리워하던 암태 안좌 팔금도는
이제 새악시 몸단장을 하고서

바닷바람에 실려 온
육지 손님을 반깁니다

짙푸른 바다밖에 모르고 외로이 갇혀 살던
천사의 섬들이
이제는 남도 바다에 천사의 나래를 폅니다.

서리풀 공원을 오르다가

꽃피고 햇살 좋은 어느 봄날에
뒷산 서리풀 공원을 기분 좋게 오르다가
고목나무 쪼개고 있는 조그만 딱따구리에
가던 발길이 멈추네
딱딱 따다닥~
소리 내며 집을 짓는 딱따구리 애처로워
행여 방해될까 두려움에
숨소리도 죽였습니다.

꽃피고 향기로운 어느 봄날에
뒷산 서리풀 공원을 한가롭게 거닐다가
숲속에서 뛰어노는 어여쁜 토끼 한 마리에
호기 어린 눈길이 머무네
깡총 까강총~
이 꽃 저 꽃에 향기 젖은 하얀 토끼 귀여워서
행여 달아날까 두려움에
멀리서만 보았습니다.

행복은

화창한 봄날 오후 소파에 기대어 창밖을 보는데
오늘따라 저 멀리 관악산 연주대가 가까이에 서 있네

주말이라 자식들 집으로 놀러 와
왁자지껄 웃음꽃 끝이 없는데

좁은 문틈으로 따라온 행복이
함께 자리를 하네

행복은 덩치 큰 키다리 아저씨
행복은 돈 많고 빽 있는 사장님

행복은
그런 것인 줄 알았는데~

아니네
마음속 작은 틈새에 살고 있는 어여쁜 요정이었네

지천에 널린 쑥

금년에도 어김없이 제 아내는 양평 친척집으로
쑥 캐러 갔습니다
내일이면 쑥떡 한 말 이고지고 가져올 거고
우리 식탁은 일용한 아침거리로
일 년 동안 풍성해질 겁니다
저는 지천에 널려있는 보잘것없는 쑥을
꽃보다 향기 좋아 쑥꽃이라 부르고 싶습니다

밟히고 짓눌리고 골백번 쓰러져도
갯바위처럼 모질게 견디고 이겨내고
바람보다 먼저
쑥쑥 자라나는
지천에 널린 쑥이야말로,

이것은
끈질긴 생명력
우리의 영원한 저력입니다

사자는 그래서 밀림의 왕

사자는
힘세고
날렵한데도

늘 혼자가 아니더이다

함께 새끼를 키우고
함께 잠을 자고
합심해서 사냥을 하고
차례차례 나누어 먹고

그러면서도
싸움도 없이
질투도 없이

그래야만 그렇게 해야만이,

밀림의 왕이 되나 보더이다
감히 넘볼 수 없는 왕이 되나 보더이다

아가는 오늘도 자란다

아가야
사랑스런 우리 아가야

네가 울면서 세상을 나올 때
우리들은 웃으면서 너를 반겼단다

그런 우리 아가가
고개를 가누고
아장아장 걷고
처음으로 엄마를 부를 때
우리들은 모두 신비롭고 대견하게 바라보았단다

오늘도 너의 새로운 말에
천재가 나왔나 하고 온 식구들이 한바탕 웃었구나

그렇구나
너는 날마다 우리 식구들에게
더할 나위 없는 기쁨이요 비타민이구나
하늘이 내려준 천사구나

아프지도 말고
힘들지도 말거라

아가야
이쁘고 착한 우리 아가야

천사의 마음을 고이고이 간직하렴
세상을 맑고 꿋꿋하게 살아가렴

네가 태어난 세상은
한번 살아볼 만한 멋진 곳이란다

사하라 사막이여

걸어보았는가
바람에 실려 온 아가 볼 같은 실모래 위를

세상에 없는 감촉에 놀라
가슴으로 느끼고 싶어 맨발로 걸어 본다

그러나 보았는가

모래언덕마저도 맨손으로 옮기는 성난 사하라의 바람을
천지를 어둠에 가두어버리는
노도 같은 사하라의 모래폭풍을

세상에 없는 공포에 놀라 두 눈 감고 주저앉아버린다

사.하.라.
불타는 대지
이글거리는 거대한 용광로

사하라 사막의 한가운데 서면

사방 끝의 끝까지
너 하나
햇살 하나
신기루 하나

오로지
터벅터벅 걸어가는
아라비아 상인과 낙타 한 마리

나이아가라 폭포

쏟아지는 어마어마한 물을 보아라
땅을 쪼개는 천둥 같은 굉음을 들어보라

이건 세상을 위아래로 갈라치는 하늘의 도끼질이다
전쟁도 번뇌도 아픔도 흔적 없이 쓸어버리는 쓰나미다

떨어져도 살아날 수 있나 궁금해서 통나무 속에 들어가
폭포 뛰어내리는 실험을 하는 어느 할머니가 되지 마라
그건 이 거대한 물의 장막을 욕보이는 부질없는 일이다

거대한 물의 장막을 오르려
쓸데없이 가까이 가지 마라

현기증 일고
눈앞이 캄캄해져
거대한 폭포 속으로 깊이깊이 빨려 들어갈 뿐이다

차라리
세상 짐 다 내려놓고
10년 젊어지고 싶은 마음으로

"나이야 가라~"
"나이야~가라~"

죽을 힘 다해
외쳐나 보라

화가 나려 하면

화를 내지 말자고
마음에 다짐 다짐했는데

참지 못해 또다시
화를 내고 말았구나

슬픈 구름이 하늘을 가리고
무거운 후회가 가슴을 친다

왜 일까?

가슴엔 불덩이 한 줌 숨어있어
머리엔 할 일 첩첩이 쌓여있어

대충하면 안 되고
시간 넘기면 안 되고

이제
한강의 시원한 물줄기를 가슴에 대고
짐을 좀 더 내려놓고
시간 뒤의 시간을 찾아보자

그래, 화가 나려 하면

크게 숨 한번 쉬고
높은 하늘 한번 쳐다보고
목소리를 가다듬고

'그럴 수도 있겠다~' 하자
'그럴만한 사정이 있겠지~' 하자
'부처님 뜻이려니~' 하자

아르헨티나의 탱고

아르헨티나 부둣가 이민의 슬픔은
바람에 실어 달님을 울리더라

고향이 어디메냐 밤공기는 차가웁고
이역만리 타향에서 정든 님 그리웁다

음악은 소리 없이 허리를 휘어감고
불타는 몸놀림이 다리를 뻗어내니

휘어이 흘러내린 주름진 치마폭에
대롱대롱 매달린 청춘의 사랑이
긴긴밤 살갑게 달아오른다

정열을 타고
아르헨티나의 밤이 흐른다
탱고가 흐른다

5부

봄을 기다리며

새로워진 희망의 봄을

나는 이 봄이 싫어졌습니다
봄이 나를 괴롭힌 건 아니지만
이 봄 따라 슬픔도 따라와서
내 마음을 사정없이 흔들어놓았기 때문입니다

곱던 마음이 메마르고 거칠어져
몽글게 핀 목련꽃의 아리따운 자태도 헝클어지고
붉게 물든 찔레꽃의 그윽한 향기마저 희미해지면서
모진 봄은 심술부리듯 그렇게 무디게만 흘러갑니다

이 슬픔이 동아줄보다 더 질길지라도
나는 밤새워 사나흘을 목놓아 통곡하다가
푸른 소나무 우뚝 선 언덕에 올라
희망꽃을 한 아름 가슴에 안고
아무 일 없는 듯이 내려오겠습니다

나는 이 봄이 밉도록 싫지만
어쩔 수 없는 운명으로 슬프게 보내지만
아픔만큼 영그러진 또 다른 모습으로
사랑하는 사람을 애타게 그리워하듯
나는 나의 봄을 기다리겠습니다

새로워진 희망의 봄을 기다리겠습니다

아침을 나설 때

아침으로 오늘을 시작한다
하여, 이 아침은 어제의 아침이 아니다

한결 가벼워진 병상의 건강한 아침도 있다
일자리를 잡아야 하는 인력시장의 무거운 아침도 있다

까치를 보면서 소식을 기다리는 아가씨의 아침은 설렘
지난밤의 꿈에 들떠 미래를 설계하는
청년의 아침은 불꽃

나는 28년을 쉬임 없이
어제와 다른 오늘로 회사를 챙기려 아침을 나선다

아침을 나설 때
나는

씨 뿌리는 농부의 마음으로
군사작전하는 장수의 마음으로

부서마다 할 일을 생각하며 시간을 쪼개본다
직원들의 삶을 보듬어 본다

아침의 걸음은 바쁘다
아침의 각오는 비장하다

그래서 늘,
아침은 새로운 희망이다.

봄을 기다리며

봄이 오기를 간절히 기다리리
봄에 실려오는 따스한 사랑을 기다리리

산기슭 언덕에도 봄 내음이 찾아오고
해 질 녘 골목 모퉁이에도 봄 그림자 보이는데

아직은 지칠 줄 모르는 세찬 바람이
보리밭을 물결 짓듯 모질게 스쳐가지만

여인의 치맛자락 끝으로 매달려 오는
새봄의 기운을 어느 누구도 막을 수 없을 거야

햇살 오른 돌담에 푸른 새싹이 돋아나듯
봄은 그렇게
아름다운 사랑을 가져올 거야

작은 가지 끝 잎새가 흔들리는 것은

간밤에 내린 비가 새벽녘에 그치어
맑은 공기 가득 찬 공원에 벤치마저 깨끗한데
바람도 스쳐가지 않는 작은 가지에
어린 아가 볼짝보다 윤기나고 청순한 잎새가
사알짝 잔물결을 치고 있구나

코끝에 느껴지지도 않을 가느다란 바람인데도
작은 가지 끝 잎새가 흔들리는 것은
멀리서 배밭 일구는 친구가 실어 보낸
온몸으로 보고픈 속삭임이련가

돌탑처럼 하나씩 쌓아 올린 진한 그리움을
무심한 세월에 미소를 담아
가슴 시리게 사랑한다는 안부 하나
오는 듯 가는 바람에
살며시 실어 보내 보련다

어린 새싹

오죽 꽃이 이쁘면
이름을 양귀비꽃이라 했을까

십수 년 전 네덜란드에서
양귀비꽃을 처음 본 색다름에
주저 없이 앞마당 모퉁이에 꽃씨를 뿌려놓고
새싹이 왜 안 나올까
님을 기다리는 설렘으로 여러 날을 보내며
기대가 원망으로
원망이 포기로 가듯이

불량 씨였나 남 탓도 하다가
내가 잘못 심었나 자책도 하다가
인연이 아닌가 포기도 하다가

그렇게 또 여러 날이 지난
오늘 아침에
뜻밖에도
연한 새싹들을 보았다

땅을 뚫고 나온 용감한 새싹의 용사들을
감격스레 맞이했다

어둡고 메마른 땅속에서
흙의 정기를 모아 움트느라
얼마나 피땀을 흘렸으랴
숨죽이는 두려움 속에서
내 몸을 부수어야 내가 살아날 수 있는
아픔의 고통이 얼마나 컸으랴

소중한 생명을 만들어내기 위한 몸부림을 모르고
나는 한가로이 딴청만 부리고 있었으니
저 연약한 듯 위대한 생명의 힘은 얼마나 답답했으랴

땅속의 오묘한 이치와 슬기를 모르고
섬세하지 못한 무딘 인간이
엉뚱한 투정만 부리고 있었으니
저 밝음을 향해 어둠을 뚫고 나오는 어린 새싹은
얼마나 섭섭했으랴

누가 독도를 외롭다 하리

독도는 세찬 바람에도 어제나 오늘이나 끄떡이 없다
독도는 동쪽 건너를 두 눈 부릅뜨고 지켜보고 있다

독도는 지치지 않는 위풍당당한 불사조다
독도는 혼자가 아니다

어깨동무한 형제가 곁에 있고
하늘에는 갈매기가 무리 지어 함께 하고

물속 새우까지 이름마저 독도새우로 바꾸고
든든한 울릉도가 밤낮으로 달려갈 태세다

독도는 결코 외롭지 않다
하루도 빠짐없이 대한의 응원군이
태극기 들고 격려하러 온다
결의에 찬 오천만 대한의 용사들이
목숨 바쳐 뒤를 지키고 있다

그래서
독도는 대한의 땅이다
독도는 대한의 파수꾼이다

모두가 함께 있어
우리의 독도
너는 결코 외로울 수 없다

어머니의 사랑

주말에 시골 들르겠다는 전화에
어머니는 틀림없이 시장에 가셨을 게다

시장바구니에는 내가 좋아하는 나물들과 생선들로
가득 찰 거고
집안에는 내가 좋아하는 반찬들로 구수한 냄새가
넘쳐날 거다

내가 집에 도착하기 한 시간 전에 문밖에서
서성이고 계실 거고
이윽고 나를 보시고는 인사를 받는 둥 마는 둥
밥상부터 차리실 거다

그동안 하고픈 얘기들은 뒤로 가고
손수 차려주고 싶은 밥상이 언제나 앞서는 거다

쌓인 얘기들은 눈짓으로 다 하고
자식이 배불리 먹는 모습을 보고 싶으신 거다

새끼를 먹이고픈 어미의 본성인 거고
새끼를 챙겨주는 것만으로 어미의 배는 이미 부른 거다

떠나야 할 자식에게 무어라도 싸주고 싶은
바쁜 걸음이고
떠나는 시간이 영영 오지 않았으면 하는
서러운 아픔인 거다

헤어지기 섭섭한 마음이 너무나도 깊고 깊어
그 많던 말들은 모두가 사라질 거다

뒤돌아 가시는 눈물 서린 마음이 너무나도 허전해
사나흘 지나도록 일손 놓고 먼 산만 바라보실 거다

어머님의 사랑은
그런 거다

아가의 본성

아가는 한 살 때 배고파도 울지 않더니만
아가는 두 살 때 눕혀둔 대로 마냥 잠을 자더니만

어른들은 순한 애라고 착한 애라고
키우기 편하겠다고 자랑을 늘어놓았는데

세 살 때는 변하고
네 살 때는 더 변해
어린이집 장난감은 모두가 자기 것

맘 안 들면 떼쓰고
조금만 야단쳐도 울음으로 항변해

미운 네 살인가
타고난 본성인가

종이 한 장 붙여놨어요

살다 보면
기운 없고 힘도 빠지는
그런 울적한 날이 없던가요?

그럴 때
그대의 정다운 한마디가
힘이 될 텐데~

그래서 무심한 그대가 늘 서 있던 창문에
종이 한 장 붙여놨어요

'나 힘들어'

그랬더니~~~

사막에 서면

사막에 서면 누구나
하늘에 갇힌 날개 잃은 새가 된다
사막엔 길이 없다
내가 가는 그 길이 새로운 길이 된다
사막엔 방향도 없다
내가 동쪽이라 하면 그쪽이 동쪽이 된다

외로움이여
하늘과 땅 사이에는
아무것도 없고
오직 말뚝처럼 나 혼자만 서 있을 뿐

막막함이여
하늘과 땅 사이에는
아무것도 없고
오직 익어가는 햇살에 내 그림자가 울고 있을 뿐

변해야 산다

우면산 오르는 길은
하나가 아니고 여럿

너는 어제 갔던 그 길로 오늘도 오른다
아마 내일도 이 길을 오를 것 같다

그저
어제 갔으니까
익숙하니까
다른 사람도 가니까

왜 변함없이 이 길로만 오르는가
저 길은 진달래도 피고 민들레도 피었던네
다른 길은 아저씨도 오르고 시냇물도 흐르고
까치도 날던데

익숙함을 버리자
두려움을 이기자

새로움을 찾자
강한 모습을 보이자

아이야,
변해야 산다
산다는 게 변화의 연속이다

그것이 믿음이다

그대의 따뜻한 눈길이 사랑을 불러오고
그윽한 정성이 내 마음에 쌓이고 쌓이면

그대의 가슴 시린 진심이 진하게 내려앉아
어느새 우리의 마음은 같은 색깔로 하나가 된다

등 뒤에 말없이 서 있을지라도
그대의 향기가 내 마음에 들어와 온기를 느낄 수 있다

이제는
하늘의 별도 따준다는 그 새하얀 거짓말에도
게으름 피우려는 허황된 꾀병에도
뱃길 끊겨 집에 오지 못한다는 새빨간 변명에도

나는 그대의 말을 믿는다
나의 마음이 그대의 마음이 된다

나의 마음속에는 그저 믿음만 있을 뿐이다
그것이 믿음이다

산 정상에 서면

오르는 길 너무나 숨이 차올라
뒤돌아가려는 발걸음을 겨우겨우 달래는데

저 멀리 보이는 봉우리가
남아있는 마지막 힘마저 앗아갈 제

내려오는 사람들의 즐거워하는 모습에
나도 저 때의 그런 모습을 그리며 기운을 차린다

눈은 게으르고 발은 부지런하니
누구라도 걸어야 할 이 길을 먼 산 보지 말고
한 걸음이 전부라고

마음을 다잡고 발끝이 산봉우리 인양 눈길을 모아
한 걸음 한 걸음씩 세면서 오른다

산 정상에 서면 오를 곳 더 없으니
새처럼 더 높이 날으려 하지 말고

뿌듯한 만족만 가슴에 담고
아쉬운 흔적은 바람에 날려버린다

힘들게 올라오는 사람들에게는 용기를 내라고
한 모퉁이만 가면 정상이라는 하얀 거짓말을 하며

내려오는 발걸음이 구름을 밟은 듯이 가벼워
오르면서 못 본 꽃을 여유로이 만져도 본다

땀 흘린 뒤에 맛보는 산들바람이 이리도 상쾌할까
노루도 그래서 힘든 길 마다않고 산을 오르나 보다

생각 없는 하루

이렇게 햇살 따스하고 향기 그윽한 봄날이면
생각에 갇히는 집안에 있지 말고

봇짐 하나 맨 나그네 되어
낯설지 않을 만큼의 먼 곳으로 그냥 훌쩍 떠나나 보렴

날마다 부딪치는 일상의 걱정은 날려버리고
얽매인 고삐도 풀어버리고

아무도 들어주지 않는 콧노래를 부르며
작은 돌 널려있는 풀밭을 뒹굴다가

하늘에 별이 뜨는 늦은 밤까지
오늘 하루를 즐겨나 보렴

새털같이 많고 많은 날 중에 오늘 하루만이라도 딱
생각 없는 날을 보내나 보렴

맛집

맛집이란,

소문이 나서

10분은 당연히 기다리고

가볍게 10분을 더 기다리고

오기로 10분을 더 기다리고

화가 나도 10분을 더 기다리고

그러면서도

맛있게 먹는 집

우리네 사랑도 맛집 같은 것

이른 봄

아가씨 외투 위에 이른 봄사랑이 살며시 내려앉아
새벽을 여는 부지런함으로 기지개를 켜

차가운 봄바람이
움추린 모란의 가지를 스치며 아침을 여는데
모란은 아직도 잠에 취해 꿈틀거리고만 있을 뿐

하루가 다르게 가벼워진 봄사랑이
설레는 나들이를 가려는데
서운한 겨울바람은 봄사랑의 길을 시샘하듯 막아서네

머무르는 듯 다가오는 게 계절인지라
나는 이른 봄사랑을 마음에 가득 담아

기나긴 추위를 이겨낸 기쁨으로
햇빛 쏟아지는 들판을
그대와 함께 걷고 싶어라

벚꽃들이 만발하면

호수 위로 따스한 햇살이 넘실거린 봄날에
석촌호수 둘레길 따라 벚꽃들이 만발하면

가눌 수 없는 설렘으로
누구라도 벚꽃길에 끌려 봄맞이를 간다

송이마다 봄햇살이 사이사이로 들어와 어루만져주면
꽃송이는 어린애처럼 화사한 모습으로
탐스런 웃음을 터뜨린다

만발한 벚꽃들이 고운 자태를
감출 수 없을 정도로 풍성해지면

살랑살랑 봄바람의 유혹에 몸을 가누지 못하고
새하얀 꽃비를 마구마구 뿌려댄다

머리에도 어깨에도 넓다란 등에도
맑디맑은 비늘처럼 반짝거리는 꽃비가
춤을 추며 내린다

꽃길을 걷는 여인이 꽃비에 촉촉이 젖어
면사포를 두른 한 송이 벚꽃이 된다

호수에 비친 아롱진 벚꽃들의 흔들림에
비단잉어들도 때맞춰 봄나들이를 온다

나는 저절로 선생님이 되었네

남을 돕는 손길이 아름다워
그대를
선생님이라 불러주었더니

옆집 사는 친구도
그대를
선생님이라 따라 부르고

기분 좋은
그대도
나를 선생님이라 불러주니

나도 모르게
나는
저절로 선생님이 되었네

삶의 본질을 향한 시혼(詩魂)의 불꽃

배 용 파
(시인, (사)국제문인협회 이사장)

폭넓은 사회활동으로 긴 세월을 헌신하여온 민병록 시인이 봉사와 삶의 뒤안길에서 켜켜이 쌓아온 여정(旅情)의 발자취를 마침내 선을 보인다.

(… 전략)
그림자 밟히는 그런 가까이 말고
떨어져 있는 사랑 그리워하듯이
때론 멀리서 보아야 아름답더라
("때론 멀리서 보아야 아름답더라"중에서)

오랜 세월을 갈고 닦아온 치열한 창작의 흔적과 시혼(詩魂)의 불꽃이 작품의 곳곳에서 묻어나는 것은 폭넓은 삶의 경륜과 문학을 향한 불꽃같은 투혼에서 비롯된 것으로 볼 것이다. 시집 〈마음이 머무는 자리〉는 1부 〈세월을 입는다〉, 2부 〈그대는 나의 행복〉, 3부 〈자연의 속삭임이〉, 4부 〈세월아 소풍 가자〉, 5부 〈봄을 기다리며〉 등 5부로 나누어 총 94편의 적지 않은 시 작품을 수록한 민병록 시인의 첫 시집으로서 삶의 여정(旅情)과 세월, 그리고 대자연을 노래하고 있다.

(... 전략)
사.하.라.
불타는 대지
이글거리는 거대한 용광로
사하라 사막의 한가운데 서면

사방 끝의 끝까지
너 하나
햇살 하나
신기루 하나

(이하 하략, "사하라 사막이여" 중에서)

특유의 필치로 그려낸 사하라 사막에 대한 경험이 군더더기 없이 깨끗하며 임팩트 역시 비교적 강렬하다. 긴 세월을 외롭게 문학과 벗하여온 민병록 시인의 작가정신이 뚜렷이 투영되어 오는 듯하다. 여행 마니아답게 뉴질랜드 남

섬에서의 관찰도 매우 날카로운데,

(... 전략)
빙하가 흘려내린 발밑의 물줄기 따라
목마름으로 마시는 만년설 물맛은

입술을 마비시키고
혀끝도 오므라지게 해

한 맺힌 오뉴월 서릿발처럼
심장을 찌르는 억겁의 푸른 맛

(이하 하략, "빙하의 물맛" 중에서)

과 같이 그려내고 있어 사물에 대한 풍부한 시상(詩想)과 감성을 보여주고 있다. 또한 이러한 창작의 기법과 시적인 구상(構想), 그리고 사물에 대한 접근 자세는 오랜 세월 내면세계에 대한 깊은 성찰과 고독한 고뇌를 통해서만 그 구축(構築)이 가능할 터 민병록 시인의 오랜 세월에 걸친 창작의 여정(旅程)과 그 흔적을 느낄 수 있다. 태생적으로 환경, 그리고 자연주의자로 볼 수 있는 민 시인은 자연을 지키고 애호하며 끊임없이 대화를 하고 있다. 말하자면 자연주의 서정 시인으로서 자연의 속삭임을 듣고 이해하고 대자연을 노래하고 있다.

(... 전략)
숨어버린 자연의 소리를 찾아
발길 없는 숲속으로 들어서는데

지칠 줄 모르고 멀리서 스며드는
인간들의 세상 짓는 끝없는 소리
(이하 하략, "자연의 속삭임이" 중에서)

에서 보듯이 민 시인의 원초적인 자연사랑이 매우 견고함을 알 수 있다. 또한 시적(詩的) 소재나 구상이 본질적으로 자연과 여행에서 이루어지고 있으며 이는 자연환경 파괴를 일삼고 있는 오늘의 사회에도 큰 경종을 울리고 있다고 하겠다. 또 다른 자연을 노래하는 "하얀 눈이 내리니"에서도

(... 전략)
천지 간에 아무것도 보이지 않고
오로지 함박눈만이 펑펑 쏟아진다
뒤틀린 모서리에도 깎아지른 절벽에도
둥그런 흰 눈이 이불을 펼쳐놓은 듯 내리덮는다
(이하 하략)

라고 하얀 시상(詩想)을 펼치면서 오염에 쌓인 풍진세상

을 안타까워하고 있다.

자연을 아끼는 민 시인의 흔적은 "중국의 아름다운 황산", "1004의 섬", "노르웨이에 빙하가 흐른다", "누가 독도를 외롭다 하리", "산 정상에 서면", "서리풀 공원을 오르다가", "초원을 품은 치타", "잔잔한 호수", "다람쥐 한 마리", "내장산 아기단풍" 등 많은 작품에서 그 즐거움을 찾을 수 있으며 이러한 작품의 탄생을 위한 산고(産苦)의 흔적은 민 시인의 시인으로서의 흔들림 없는 창작 열정에서 비롯되는 바 이를 높게 평가하지 않을 수 없다.

<국제문예> 시 부문으로 등단한 민병록 시인은 견고한 창작의 토대를 갖추고 긴 세월 동안 삶의 본질과 시작(詩作)을 향한 불꽃 투혼으로 문학에의 열정을 불사르며 결실을 맺은 첫 시집 <마음이 머무는 자리>를 탄생시켰는바 그 노고에 박수를 보낸다. 시(詩)를 사랑하고 가까이한다면 대자연과 세월을, 그리고 삶의 여정과 사랑을 노래한 <마음이 머무는 자리>를 일독함으로서 민 시인의 자연주의적 서정시 세계에 감동으로 다가갈 수 있으리라 믿는다.

끝으로 시인으로서의 역사관 등 세부적으로 논급하지 못한 부분에 대하여는 차후 다시 논급할 기회가 있으리라 믿으며 민병록 시인의 역작(力作) <마음이 머무는 자리> 발간을 축하하는 바이다.